DOCUMENTS

LA PLUPART INÉDITS

SUR

LES VICTIMES DE LA TERREUR

A LYON

PORTANT LE NOM DE VINCENT

PAR

LE Dr EUGÈNE VINCENT

Ancien Président de l'Académie de Lyon.

Présenté à l'Académie des Sciences, Belles Lettres et Arts de Lyon.

LYON

A. REY, IMPRIMEUR DE L'ACADÉMIE

4, RUE GENTIL, 4

1909

DOCUMENTS

LA PLUPART INÉDITS

SUR

LES VICTIMES DE LA TERREUR

A LYON

PORTANT LE NOM DE VINCENT

PAR

Le Dr Eugène VINCENT

Ancien Président de l'Académie de Lyon.

Présenté à l'Académie des Sciences, Belles-Lettres et Arts de Lyon.

LYON

A. REY, IMPRIMEUR DE L'ACADÉMIE

4, RUE GENTIL, 4

1909

DOCUMENTS

LA PLUPART INÉDITS

SUR

LES VICTIMES DE LA TERREUR

A LYON

PORTANT LE NOM DE VINCENT

Cette plaquette est un petit travail de circonstance. Sollicité par M. Antonin Portallier, qui écrit l'histoire des victimes de la Terreur à Lyon, de rechercher si je comptais des parents parmi elles, j'ai fouillé les archives du greffe, les archives municipales et les archives départementales. Grâce à la bienveillance de notre érudit collègue de l'Académie, M. Guigue, j'ai trouvé dans les archives départementales presque tous les documents qui composent cette plaquette. En relisant les papiers authentiques on apprend des détails intéressants sur notre histoire locale en ces jours de malheur ; ce que je publie servira peut-être à dissiper des légendes inspirées par des sentiments divers.

Les citoyens portant le nom de Vincent ont été, les uns condamnés à mort par la Commission révolutionnaire et exécutés, les autres condamnés à mort mais s'étant échappés, ou mis en état d'arrestation et ayant subi des traitements différents.

§ I. — Les Vincent, au nombre de 5, condamnés à mort et exécutés, ont été, un seul fusillé, les 4 autres guillotinés.

En voici la liste avec le sommaire de leur condition sociale, tel qu'il a été publié dans un petit volume qui se trouve aux archives municipales.

1. Vincent *de Soleymieu*, *Antoine*, marchand de rubans, né à Saint-Etienne (Loire), y demeurant, cinquante-cinq ans, *guillotiné* le 19 mars 1794. Il était juge au tribunal de Saint-Etienne.

2. Vincent *de Marniolas, Claude-Aimé*, né à Saint-Etienne, banquier à Lyon, place de la Charité, cinquante-neuf ans, *guillotiné*, le 17 décembre 1793, frère de Vincent de Soleymieu.

3. Vincent *François*, rentier, né à Lyon, y demeurant, place des Terreaux, cinquante-sept ans, *guillotiné*, le 17 décembre 1793.

4. Vincent *Jean-François*, ancien visiteur des rôles, né à Lyon, y demeurant, rue de la Fronde, quarante-quatre ans, *fusillé*, le 13 décembre 1793.

5. Vincent *Jean-François*, manufacturier, né à Lyon, y demeurant, à la Guillotière, quarante ou soixante ans, échappé de la Mauvaise Cave, le 11 décembre 1793, repris et guillotiné, le 11 janvier 1794.

Le suivant est une victime du siège et non un condamné à mort.

§ II. — 6. Vincent François (colonel ou simple soldat) du 1er bataillon de Rhône et Loire, mort de ses blessures pendant le siège, le 1er octobre 1793.

§ III. — Les Vincent condamnés et non exécutés sont :

7. Vincent de Saint-Bonnet, Jacques, qui n'était pas un

frère des Vincent de Soleymieu et Vincent de Marniolas, mais un neveu.

J'ai encore trouvé les suivants :

8. VINCENT Jean-Louis, Genevois, ancien militaire.

9. VINCENT Jean-Marie, chapelier de la rue Saint-Pierre.

10 et 11. Divers VINCENT, citoyens ou citoyennes, dont il existe des papiers aux archives départementales.

§ I.

1. VINCENT *de Soleymieu*, *Antoine*.

M. Frécon, érudit généalogiste bien connu, m'a signalé l'existence du volume de M. de Jouvencel : Assemblée de la noblesse de la Sénéchaussée de Lyon en 1789, où j'ai puisé les renseignements ci-après sur Vincent de Soleymieu et Vincent de Marniole.

Antoine VINCENT de Soleymieu, né à Saint-Etienne, en mai 1738, mort à Lyon, victime de la Terreur, le 29 ventôse an III, avait épousé, dans sa ville natale, en 1764, Mlle Antoinette Neyron, dont la postérité est représentée aujourd'hui par M. VINCENT *de Vaugelas*. Le fils de Vincent de Soleymieu est Gaspard *Vincent de Vaugelas:* « Courageux jeune homme de dix-sept à dix-neuf ans, qui avait vaillamment combattu dans Lyon et qui put se sauver de cette ville dans un matelas[1]. »

[1] Dans le *Livre d'or du Dispensaire*, par le Dr Just Navarre, on lit : *Vincent* de Vaugelas (Claude-Gaspard), né à Saint-Etienne, le 4 août 1774, banquier et marchand de soies, administrateur des hospices (1818-23), adjoint à la mairie (1814 et 1818-1823), mort à Lyon le 15 novembre 1858. Il avait donc dix-neuf ans en 1793. Dénoncé et arrêté, M. de Vaugelas avait été emprisonné dans une maison particulière, faute de place dans les prisons. Malgré la surveillance des geôliers, ses compagnons, touchés de son jeune âge, dix-neuf ans, et de son courage, entreprirent de le faire évader. On l'enferma, muni d'un couteau, dans un matelas et on le jeta

Riche marchand de rubans à Saint-Etienne, sous la raison sociale : A. Vincent, Lambert et Cie, M. Vincent de Soleymieu, fut arrêté et conduit à Feurs et ensuite à Lyon. Il était le point de mire des « sans-culottes » et, notamment de Javogues.

J'ai trouvé, aux archives départementales, la dénonciation, l'interrogatoire, une pétition et le procès-verbal d'exécution d'Antoine Vincent de Soleymieu.

La *dénonciation* est un spécimen du style spécial des clubs de ce temps, style qui ne s'inspire que de la haine et n'a rien de commun avec la rhétorique. Il est triste pour l'humanité qu'un tel galimatias ait pu constituer des chefs d'accusation. Hélas ! l'espèce humaine a-t-elle bien changé depuis ? On parodiait alors la justice pour couper légalement, avec un semblant de droit, la tête aux riches, aux nobles et aux prêtres. D'aucuns prétendent qu'aujourd'hui on leur coupe seulement la bourse, au nom de lois qui masquent avec plus d'art et moins de courage les mêmes passions, et que c'est tout le progrès accompli en plus de cent ans.

Dénonciation. — Commune d'Armes[1], 26 nivôse de l'an II de la République une, indivisible, démocratique et impérissable. Liberté, Egalité — Mort aux tyrans et aux riches !

Citoyens juges à Saint-Marcellin,

Contre *Vincent* Solémieu, fieffé contre-révolutionnaire, envoyé en mai-juin par la municipalité scélérate d'*Armes-Commune* à Lyon. Ce Vincent, dit Solémieu, a un fils émigré et qui a servi les rebelles à Lyon avec son gendre, Dugas Devarennes, émigré et contre-révolutionnaire comme l'est Rochetaillée, aussi son gendre, ex-noble, et Néron et Monviol, Courbon, Degoux... Ces scélérats ont des fils

dans une voiture placée devant la maison. M. de Vaugelas put, ainsi, sortir de Lyon, gagner le Vivarais, émigrer et servir à l'armée de Condé (Bittard des Portes, Portallier). Sa postérité est nombreuse.

[1] Saint-Etienne.

émigrés et exécutés à Lyon — des prêtres émigrés réfractaires. Ces Vincent et Courbon Monviol et les Praire, Durey, Rochetaillée et les Maubon et les Durozier de Montbrison sont tous frères, sœurs, parents, alliés et coalisés et fédéralisés, agents et soudoyeurs de l'armée lionnaise, avec Pierre Fromage[1], le juge d'*Armes-Commune*, qui était le chef, le moteur, le directeur de la contre-révolution.

C'était à Saint-Etienne, chez ce scélérat Fromage, juge, que se tenait le conclave de tous les riches fédéralistes de Saint-Etienne, que l'on y contribuait — tous les Dacier, les Boyer de Saint-Bonnet-la-Montagne, Courbon, Desgoux, scélérat, seigneur de Saint-Genest-Malifaux, qui n'est pas encore détenu, ni les biens séquestrés, les Rochetaillée, les Vincent, les Néron, les Praire, tous les conspirateurs...

Fromage, le juge de Saint-Etienne, qui les catéchisait et les endoctrinait, chez lui, dans des conclaves secrets, encore les noms de Chovet, les Bruyas de Saint-Marcellin, impunis avec tous les Dugas, Praire, Crozet, Renaud, Nérond et autres riches conspirateurs de Saint-Chamond qui outragent la République, les Damas, les Ravet de Saint-Héand, les Thiollière de Saint-Etienne. — *Signé :* Juriez, Termoz, clubistes.

Cette dénonciation est adressée aux citoyens juges composant la Commission révolutionnaire séant à Feurs-de-la-Loire. On a ajouté au verso :

Ce Chovet, fieffé révolutionnaire, est déguisé en paisant comme les Praire, Nérond, Dugas de Saint-Chamond et se réfugient avec les Dacier chez des fermiers, près Saint-Etienne. à la Montat, à Roche-la-Mollière, chez Néron l'aîné, et à Saint-Victor-sur-Loire, à la Terrasse.

Chovet de Saint-Etienne, ex-noble de la Chana, a servi et habité à Lyon durant le siège avec sa mère, sa femme, ses enfants et les de Poncins et les parents de Virieu, rebelles et émigrés. — La maison Chovet à Lyon était le repaire de tous les riches rebelles, prêtres réfractaires de Lyon, de Saint-Chamond et de Saint-Etienne — ils y disaient tous la messe aux Chovet et rebelles fanatiques. (Archives départ.).

Autre dénonciation. — La dénonciation porte qu'il a reçu les Muscadins à cheval, chez lui, au nombre d'une vingtaine et quand l'armée

[1] Le 6 ventôse an II, il y eut un Jean Fromage, âgé de soixante-quatorze ans, procureur, qui fut condamné à mort ; il était natif de Saint-Etienne et demeurait à Commune-Affranchie.

de la République s'est présentée devant Commune-d'Armes, le dit Vincent Soleymieu ouvrit les deux battants du portail en criant aux Muscadins : Allons, mes amis, bride en bouche, le pistolet aux mains et f.... moi ces b.... là à bas !

Nota : Il est riche à 1.500.000 livres[1].

Après son arrestation, sur laquelle nous n'avons trouvé aucun renseignement, Vincent de Soleymieu adressa une *pétition* aux juges de Feurs :

Aux citoyens juges composant la Commission révolutionnaire établie à Feurs. Antoine *Vincent*, citoyen de la commune d'Armes, vous expose qu'il est en état d'arrestation depuis le 17 octobre, vieux stile, sans qu'il connaisse les motifs. Il est persuadé que sa détention n'a d'autre cause que sa qualité de cy-devant noble, mais peut-on lui en faire un crime?... Il s'est dépouillé de son argenterie et en a fait homage avec le plus grand plaisir en faveur de la Convention. Salut et fraternité. — Ant. Vincent (Arch. départ.)

Malgré cette démarche, il fut condamné à mort et guillotiné sur la place des Terreaux à Lyon.

On l'interrogea pour la forme, sans faire allusion aux dénonciations dont il avait été l'objet et qui contenaient les motifs inavouables pour lesquels on l'avait jugé et sacrifié en conciliabule secret aux haines implacables des sectaires de la Convention.

Interrogatoire. Feurs. Commission militaire. — Antoine VINCENT, dit Soleymieu, ex-noble, négociant à Armes-Commune, âgé de 45 ans[2].

— Où étais-tu pendant le siège de Lyon?

— J'étais dans ma demeure.

— Etais-tu fonctionnaire public et as-tu protesté en conséquence?

— J'étais juge au Tribunal de commerce de Commune d'Armes et je n'ai pu protester, attendu que j'étais à Lyon et que je ne connaissais pas la loy qui l'ordonnait.

[1] A ce propos, nous rappellerons qu'une grosse somme fut confisquée à son frère, C.-A. Vincent de Margniole. « Guyon, chargé d'aller faire une fouille civique dans la maison Vincent, rapporte qu'il a trouvé plus de 150.000 francs en or, argent et vaisselle. » Sol. de la Chap. 42 (Dr Drivon).

[2] Il avait cinquante-cinq ans en 1793, étant né en 1738.

— Combien as-tu d'enfants?

— J'en ai trois : une fille mariée à Commune-Affranchie[1], une à Commune d'Armes et un fils au service de la République. — *Signé :* Delhorme, greffier (Arch. départ.).

« Les Juges de Feurs n'eurent pas le temps de le condamner à mort. Le rappel de Javogues et la dissolution de la Commission militaire et révolutionnaire de Feurs prolongèrent son douloureux calvaire. Les prisonniers qui restaient encore dans les prisons de Feurs et qu'on peut estimer à 200 ou 300 furent attachés les uns aux autres et conduits à Lyon comme un troupeau de vils animaux.

« M. Vincent resta encore plus d'un mois dans les prisons de Lyon. Traduit, enfin, devant la Commission révolutionnaire de cette ville, il fut condamné à mort pour, étant magistrat, n'avoir pas protesté « contre les rebelles de Lyon » et guillotiné le 29 ventôse an II (19 mars 1794). » (A. Portallier).

Condamnation à mort. — Le 29 ventôse an II, Antoine *Vincent* dit Soleymieu, âgé de 55 ans, marchand de rubans, natif de Commune d'Armes, département de la Loire, y demeurant (Arch. départ.)

Procès-verbal d'exécution. — Liberté. Egalité. Ce jourd'huy, 24 nivôse de l'an deuxième... Nous François Brochet, greffier... Nous nous sommes transporté sur la place de la Liberté[2] à 1 heure d'après midy

[1] Lyon.

[2] La place des Terreaux s'appela place de la Liberté pendant la Révolution. C'est sur la place de la Liberté que la Commission révolutionnaire prononça les jugements de ses 74 séances en présence du peuple. C'est aussi sur cette place que trônait la guillotine. L'horrible machine fut dressée en divers points ; à la fin, on la fixa à l'entrée de la rue de la Loge, à environ vingt-cinq mètres de la rue Saint-Pierre, entrée actuelle du passage des Terreaux. On dit que de ce point, qui correspond à l'emplacement de la fontaine Bartholdi, le sang coula jusqu'au portail de l'église Saint-Pierre. On fusilla pendant quelque temps sur la place des Terreaux, mais comme les balles s'égaraient dans les maisons, jusque dans les caves, on transporta aux prés des Brotteaux les exécutions par le feu ; on en fit 248 une fois et 67 l'autre. A partir du 23 pluviôse, on ne se servit que de la guillotine. Les Jacobins eurent un moment la pensée de jeter les cadavres dans le Rhône, afin que les *ondes ensanglantées* du fleuve frappassent de terreur les riverains. — Glover (Melville) a compté 113 exécutions ordonnées par la Commission militaire et 1.684 par la Commission révolutionnaire. Il compte : exécutions effectuées, 953 par le feu et 716 par le fer (guillotine), total 1.669 victimes immolées par la Terreur à Lyon.

La Commission révolutionnaire termina son œuvre le 17 germinal (6 août) par cette déclaration : « Considérant qu'après avoir livré à la mort 1.682 coupables et rendu à la liberté 1.684 innocents, victimes de l'égare-

pour assister à l'exécution qui a été faite sur la dite place de la Liberté, par l'exécuteur des mandements de Justice qui a sur le champ *guillotiné* Antoine VINCENT dit *Soleymieux*. C'était fini à 1 heure et demi. *Signé :* Bréchet, Panuthon, officier municipal, Joseph Forest, officier municipal. (Arch. départ.)

M. A. Portallier a trouvé l'acte de baptême de M. Vincent, de Soleymieux, aux Archives municipales de Saint-Etienne.

Antoine, fils légitime du sieur Antoine Vincent, bourgeois et ancien échevin de cette ville, et de damoiselle Jeanne Praire, ses père et mère, est né et a été baptisé ce jourd'huy, 9 may 1738, dans l'église paroissiale de Saint-Etienne, par moi, vicaire soussigné. Son parrain a été sieur Claude Praire, au lieu et place de sieur Antoine Praire, son frère, et marraine damoiselle Ursule Vincent, qui ont signé avec le père dudit enfant et autres soussignés. Signé : Ursule Janvier, Antoine Vincent, M. Terrenoire, Praire, C. Vincent, C. Praire, Bernou de Bertrady, Imbert, De Bertholon, Praire, Palluat de Bessey, Reymond, J. Penel, vicaire. (Paroisse de Saint-Etienne, 1738, t. 68.)

Sur la noblesse des Vincent, marchands de rubans à Saint-Etienne. — Avant de passer au second membre de cette famille, qui fut exécuté judiciairement, en 1793, nous croyons utile de donner les renseignements ci-après :

La noblesse de ces *Vincent* n'est pas douteuse. C'est une noblesse d'Echevinat et d'Emplois royaux, ce qu'on appelait noblesse de cloche et noblesse de finances. Les *Vincent*, seigneurs de Margnolas, Saint-Bonnet, Soleymieu, sont originaires du Dauphiné et issus de Marin *Vincent*, mort en 1672. Ils se transportèrent à Saint-Etienne. Les enfants de Marin Vincent gagnèrent beaucoup d'argent et contractèrent,

ment ou des vengeances particulières, condamné à la détention 264 individus suspectés d'avoir pris part à la révolte, de l'avoir favorisée en l'alimentant par leurs discours inciviques... il ne reste plus dans les prisons de Commune-Affranchie ni coupable qui appelle sur sa tête le glaive de la loi, ni victimes innocentes à rendre à la liberté, arrête la clôture de ses séances. »

à Saint-Etienne, des alliances avec les Baralon, les de La Rochette, écuyers, seigneurs de Villemont, les Desarnaux, les Berardiers, échevins, les de Chapelle, les Caze, conseillers du roi et avocats, les Praire, les Jacquier des Gaux, les Courbon des Gaux, écuyers et coseigneurs des terres et baronnies de Faye, Marlhes et Saint-Genest, secrétaires du roi, les Dugas, les Rochetaillée, etc.....

Jean-Baptiste Vincent, un des cinq fils de Marin Vincent, était conseiller du roi, receveur des consignations de l'élection de Saint-Etienne. C'est *Pierre Vincent*, fils de Jean (né en 1636, mort en 1689), qui fit, à Saint-Etienne, l'immense fortune dont toute la famille profita. Le fils de Jean-Baptiste Vincent — arrière-petit-fils de Marin Vincent — *Antoine* VINCENT, était écuyer et seigneur de Soleymieu, échevin à Saint-Etienne, né vers 1695, mort le 17 septembre 1769; conseiller, secrétaire du roi à Colmar, le 12 avril 1761. Il développa beaucoup la maison fondée par son aïeul Pierre. Il épousa, en 1734, Jeanne Praire, fille d'Ennemond Praire, échevin de Saint-Etienne. Il eut, entre autres fils : 1° Claude-Aymé, écuyer, seigneur de Margnolas, Tramois, La Masse ; 2° Antoine, dit Vincent de Soleymieu et Vaugelas, écuyer et échevin ; 3° Pierre Vincent de Saint-Bonnet, écuyer, seigneur de Saint-Bonnet-les-Oules[1].

Qu'on nous permette d'ajouter qu'une fille de François-Denis-Gustave de Saint-Bonnet et d'Elisabeth-Meaudre de Sugny, demoiselle Catherine-Isabelle-Marie-Antoinette, née à Saint-Maurice le 14 octobre 1866, a épousé M. Gabriel

[1] Les Vincent prirent les noms des terres et châteaux qu'ils achetèrent : Vincent de Margnolas du château de ce nom, près Beynost (Ain) ; Vincent de Soleymieu d'une terre de Saint-Jean-Soleymieux (Loire) ; Vincent de Saint-Bonnet de la terre de Saint-Bonnet-les-Oules ; Vincent de Vaugelas d'une terre de ce nom, qui appartient, aujourd'hui, à M. Henri Tavernier, ingénieur (château de Vaugelas, par la Verpillière (Isère).

Canat de Chizy, ingénieur, notre savant collègue de l'Académie.

(Voir de Jouvencel.)

2. VINCENT *de Marniolas (Claude-Aimé).*

Ce VINCENT (Claude-Aimé) de Marniolas ou Margnolas ou Margnoles était né à Saint-Etienne en octobre 1735 ; il était banquier à Lyon, où il habitait place de la Charité n° 203. Nous croyons que c'est la maison qui porte aujourd'hui le n° 5 et qui appartient aux *Vincent* de Vaugelas descendants de *Vincent* de Soleymieu, frère de Claude-Aimé. Antoine VINCENT négociant et échevin à Saint-Etienne, puis secrétaire du roi, avait eu de Jeanne *Praire* trois fils, nous venons de le dire : L'aîné Claude-Aimé *Vincent* de Margnolas, le second Antoine *Vincent* de Soleymieu, le cadet Pierre *Vincent*, de Saint-Bonnet. Claude-Aimé fut, comme son frère Antoine, une victime de la Terreur ; il fut non pas fusillé, comme on l'a dit, mais guillotiné à Lyon, le 18 décembre 1793, à l'âge de cinquante-neuf ans; il avait épousé à Lyon Mlle Mayeuvre ; la postérité de Claude s'est éteinte dans la personne de son petit-fils Etienne-Aimé Vincent de Margnolas. Nous le verrons plus loin.

M. A. Portallier a donné copie de son acte de baptême : M. Claude-Aimé, fils naturel et légitime de sieur Antoine Vincent, marchand et échevin de cette ville, et de damoiselle Praire, ses père et mère, né cejourd'huy, a été baptisé dans l'église paroissiale de Saint-Etienne par nous, vicaire soussigné, le sixième octobre 1735. Son parrain a été Claude-Aimé Vincent, marchand, ancien échevin, marguillier et trésorier de cette église, et la marraine damoiselle Marie-Françoise Terrenoire, épouse du sieur Ennemond

Praire, et aussy marchand et ancien (échevin) de cette ville. Signé : A. Vincent, M. Terrenoire, Praire, P. Jamain, Poncelon, Jacques Rouhet, C. Vincent, Rousset L., Claude Praire, Gourgouliat, vicaire. (Paroisse de Saint-Etienne, f. 32.)

Il fut arrêté le 15 octobre 1793, sans doute, en suite de la dénonciation que nous avons rapportée. Pendant sa détention à Lyon il fit une pétition, le 19 octobre, aux représentants du peuple ; on le mit provisoirement en liberté sous caution, puis on l'incarcéra de nouveau ; il protesta vainement ; sa requête fut rejetée le 15 brumaire ; il fut condamné à mort le 27 frimaire an II, guillotiné le 18 décembre 1793, sur la place des Terreaux. Son fils Etienne fit, le 26 frimaire an III, par l'entremise de son tuteur, lever les scellés apposés sur les meubles, place de la Charité ; le général Césard qui s'était installé dans son appartement signa l'inventaire du mobilier qui fut emmagasiné au second de la maison. Le 27 germinal an VII, son fils Etienne fit établir par le Tribunal son acte de décès, à la date du 27 frimaire de l'an II. En la personne du fils d'Etienne s'éteignit la postérité de Claude-Aimé Vincent de Margnolas.

Voici les pièces que nous avons trouvées et copiées :

Pétition. — Aux citoyens représentants du peuple ! Le citoyen *Claude-Aimé* VINCENT a été arrêté le 15 de ce mois et traduit à l'Hôtel-Commun de cette ville, il ignore la cause de sa détention ; sa conscience ne lui reproche aucun délit ; il s'est toujours conduit en honnête homme et en bon citoyen, il ose espérer, citoyens représentants, que vous voudrez bien faire accélérer son jugement, le rendre à ses foyers et aux vœux de sa famille. Ce sera provoquer un acte de justice digne de votre bienfaisance. — *Signé* : C.-A. Vincent.

Annotation. — Renvoyé au Comité de surveillance pour vérifier promptement les causes de l'arrestation. A Ville-Affranchie, le 19 octobre 1793, l'an 2 de la République une et indivisible. Le représentant du peuple : Séb. de la Porte. « Châteaux ». — (Arch. départ.)

Ce mot « Châteaux » mis perfidement à la fin est l'indication du crime et du châtiment à décréter.

Remis en état d'arrestation sans qu'on pût justifier d'aucun ordre ou jugement nouveau, il adresse une nouvelle pétition au Comité révolutionnaire de l'arrondissement de Lyon.

Seconde pétition. — Aux citoyens composant le Comité révolutionnaire! Le citoyen *Claude-Aimé* VINCENT, place de la Charité, 203, ayant été mis provisoirement en liberté sous le cautionnement du citoyen Beaumont, en vertu d'un jugement du Comité révolutionnaire de surveillance, dont expédition lui a été délivrée, a été étonné de se voir ressaisi, hier, et mis en état d'arrestation, rue Saint-Joseph, sans qu'on luy justifie d'aucun ordre ou jugement nouveau. En conséquence, il n'est ni contre-révolutionnaire, ni agioteur, ni accapareur, ainsy que peut l'attester le Comité révolutionnaire de la section. — Il espère que vous voudrez bien faire cesser une détention qui ne peut être que le fruit de l'erreur et de la méprise et luy rendre une liberté.... — *Signé :* Vincent.

Le Comité révolutionnaire attesta tout autre chose que ce que pensait Claude-Aimé Vincent.

Le Comité révolutionnaire de l'arrondissement du Rhône, après avoir délibéré sur le contenu de la requette ci-dessus, dit qu'il reconnaît le citoyen Vincent comme un homme suspect, un des plus zélés partisans de la permanence des sections, ayant par le même zèle été sur le point d'occasionner de grands malheurs dans l'Assemblée, est banquier et agioteur, ayant son neveu Denervau qui a été second du commandant de Pressy, qui logeait chez lui. En conséquence, le Comité a cru qu'il était de son devoir de le mettre en état d'arrestation. Ville Affranchie, le 15 brumaire, l'an 2. — *Signé :* Poncet, Giroud, Voissant, Lambelet, Renard. (Arch. départ.)

Sur le dos de la feuille d'élargissement par Lambert on a écrit : « Elargissement fait à faux par Lambert. »

Le citoyen Vincent..... (illisible), demeurant place de la Charité, nº 203, détenu depuy le 15 à la Commune a été élargis en conformité de la loi et en s'y soumettant. — Délivré au Bureau du Comité de surveillance de la Ville Affranchie, l'an 2 de la République française. — *Signé :* Lambert (Arch. départ.).

Condamnation à mort. — Le 27 frimaire de l'an 2, Claude-Aimé Vincent, ex-noble. (Arch. départ.)

Procès-verbal d'exécution. — Nous nous sommes transportés à 2 h. 1/2 après midy sur la place de la Liberté... L'exécuteur des mandements de justice, qui a sur le champ guillotiné *Claude-Aimé Vincent*, ex-noble de Commune-Affranchie et François Vincent... Nous nous sommes retirés à 2 h. 40 minutes. — *Signé :* Roch, officier municipal, Berlié, secrétaire-greffier, Turin, officier municipal.

Distraction d'effets en faveur de Coulon, tuteur d'Etienne, fils du défunt Claude-Aimé *Vincent*, effets qui sont chez Coulon et chez le général Cesard. Inventaire très long et sans intérêt.

Procès-verbal de levée de scellés chez le citoyen Veymond en possession de toutes les propriétés du citoyen Coulon, tuteur d'Etienne, son fils, place de la Charité, n° 203. — *Signé :* Chrétien.

Il est dit dans cette pièce que les livres de Claude-Aimé *Vincent* ont été transportés à la Bibliothèque... que l'appartement place de la Charité était occupé par le général Cesard et par d'autres officiers qui jouissaient du mobilier... L'héritier demande que les meubles de la place de la Charité ainsi que ceux dans les dépôts du district et à Sainte-Elisabeth soient transportés dans la maison Vincent, où il se trouve un appartement vide au deuxième étage de la dite maison place de la Charité, (26 frimaire an 3).

Les Registres de l'Etat Civil ne contiennent pas les décès de ceux que le Comité révolutionnaire avait fait exécuter. C'est pour cela que bien des familles ont fait plus tard dresser par le Tribunal les actes de décès de leurs membres qui furent victimes de la Terreur. Il y a un Registre spécial de décès aux Archives municipales ayant titre : Registre de transcription pour les décès des condamnés révolutionnairement du 10 pluviôse au 4-6 messidor an XIII (1792 à 1815). J'y ai trouvé, page 57 : « Jugement du Tribunal Civil à la requête d'*Etienne* Vincent fils mineur de Claude-Aimé, le 29 germinal an VII, constatant que *Claude-Aimé Vincent* est décédé, à la date du 27 frimaire de l'an II. »

Etienne Vincent de Margnolas était né à Lyon le 6 novembre 1781, il mourut à Paris le 8 octobre 1810. Emigré en Angleterre, il devint auditeur au Conseil d'Etat, le 11 février

1806, il fut fait Chevalier de la légion d'honneur en 1807, chevalier de l'Empire, le 5 octobre 1808. Il fut intendant de Posen, chargé de la police du troisième arrondissement de l'Empire d'Italie, préfet du Pô, conseiller d'Etat, février 1809. Il épousa Caroline Peronne di San-Martino. Celle-ci née le 27 janvier 1788, mourut le 20 juin 1855; elle était fille de Charles-Louis Comte di San-Martino, général-major de cavalerie de l'armée Sarde. Elle fut créée comtesse en 1810, après la mort de son mari, par l'Empire, avec transmission du titre à son fils.

Etienne-Aimé de Margnolas, né 4 jours après la mort de son père (12 octobre 1810), fut déclaré comte de l'Empire le 16 décembre 1810.

Il mourut en bas-âge et fut sépulturé dans un caveau de famille attenant à l'église de Beynost, près de son père et de son grand oncle. Il existe encore, dans la vieille église de Beynost, un tableau votif, où le jeune moribond est représenté sur son lit de mort, avec deux saints, dans l'attitude de la prière : Saint Charles Borromée, le saint patron de Milan, et Saint-Vincent, patron homonymique de la famille.

Une partie de sa fortune passa à sa mère, qui s'était remariée, le 11 octobre 1815, au marquis de Latour-Maubourg, pair de France.

Du château de Margnolas il ne reste rien que la grille. Elle est à Pollet, commune de Saint-Maurice-de-Gourdans, dans une propriété de Mme de Veyssière, belle-sœur de M. Canat de Chizy.

La terre de Glareins (Ain), qui faisait partie des biens de la famille Vincent de Margnolas, a été donnée en héritage, en 1900, par la veuve du marquis de Fay de Latour-Maubourg, née de Trévise, à Mme Philippa de Fay-Solignac, épouse du baron P. de Framond, conseiller général de l'Ardèche.

Note sur le tableau votif de Beynost. — M. le curé de Beynost a eu la bonté de nous fournir les renseignements suivants :

« Je suis très heureux de vous donner le peu que nous avons sur la famille Vincent, qui a été la Providence de ce pays. Le tableau votif qui se trouve dans la chapelle mortuaire est de grande dimension : au moins 1 m. 50 de haut.

« Il représente trois personnages sur la figure desquels il n'est pas difficile de mettre un nom. C'est d'abord un enfant malade. Le petit lit est richement drapé, la petite chemisette est finement brodée. Près de ce lit, deux saints dans l'attitude de la prière. Le premier, qui porte les insignes du cardinalat, est, évidemment, saint Charles Borromée, le patron de la ville de Milan, dont Mr Etienne Vincent était préfet.

« L'autre, qui est revêtu de la dalmatique des diacres, est certainement le diacre saint Vincent, patron homonymique de la famille. Au bas du tableau, presque sur le chevet du lit, une colombe, qui, peut-être, était la compagne des jeux de l'enfant avant sa maladie, ou bien dans laquelle l'artiste a voulu symboliser la candeur du petit moribond. Dans l'angle droit, un blason.

« Voilà ce que, dans mon ignorance, je puis vous dire de ce tableau. C'est grand dommage qu'il reste dans ce coin obscur et humide où il ne peut que se détériorer. . .

« Je vous porterai le cahier où se trouvent les quelques renseignements que nous avons sur la mort, l'érection de la chapelle mortuaire, les funérailles de M. Etienne Vincent et de son oncle Claude Vincent, ancien grand vicaire de Vienne. Toutes les formalités légales vis-à-vis de la commune et de la sous-préfecture ont été remplies par M. Claude-Gaspard Vincent de Vaugelas, exécuteur testamentaire . . .

« Du château, il ne reste que son incomparable position et une ferme. Il y avait, paraît-il, de magnifiques avenues de tilleuls, dont l'une allait jusqu'à Tramoys. De tout cela, il ne reste rien *signé :* Lombard, curé. » Il y a encore la ferme de Margnolas.

3. Vincent *François, rentier de la place des Terreaux.*

Ce condamné est qualifié rentier, né à Lyon, y demeurant, 21, place des Terreaux ; il avait cinquante-sept ans, quand il fut guillotiné, le 17 décembre 1793, le même jour que *Claude-Aimé Vincent* de Margnolas. Nous venons de le voir, au procès-verbal d'exécution de ce dernier.

Bien entendu, on ne trouve pas son décès sur les Registres municipaux. Pour établir sa filiation, nous avons consulté le Registre paroissial de Saint-Nizier de l'année 1745. Nous avons trouvé le bulletin de naissance suivant : « Le 18 février 1745, j'ai baptisé *François* né d'hier, fils de Paul *Vincent*, tailleur de pierre et de Madeleine Charbonnier sa femme. Parrain François Favre affaneur ; marraine Antoinette Charretier fille, tous illettrés enquis. Geoffoy vicaire. »

Est-ce bien François, fils de Paul, tailleur de pierres qui fut guillotiné comme rentier en 1793 ? on peut en douter. Les pièces suivantes le concernent indubitablement.

Condamnation à mort. — François Vincent, 27 frimaire an II. — *Signé :* Pareins, président, Lafaye, Brunier, Ferney, Corchaud, Berlié, greffier (*in* Glover Melville, Collection complète des jugements rendus par la Commission révolutionnaire établie à Lyon en 1793-95, Lyon, 1881).

Ce *Vincent* avait un frère, une sœur, un cousin, des nièces, à en juger par les pièces qui suivent et qui sont relatives aux réclamations des biens laissés par ce citoyen. En ce temps-là, on mettait des scellés sur les biens des victimes, mais il arrivait souvent qu'on les restituait aux ayants droits. En est-il de même aujourd'hui ? Les échos de la presse répètent que l'Etat confisque légalement et légalement ne rend jamais rien, en notre temps. Ce sont propos d'esprits chagrins qui ne sont jamais satisfaits, qui, s'ils avaient le gouvernement de leurs rêves et tout à souhait, se plaindraient encore de ce que la terre est ronde. Trève de persiflage ! Poursuivons.

8 fructidor an 3, *main levée* de scellés aposés sur les propriétés de *François* VINCENT en faveur des neveux et nièces du dit défund... En conséquence, nous nous sommes transportés dans le domicile du dit défund situé place des Terreaux, 21, accompagné du citoyen Clerjon, juge de paix du canton, mais comme il n'existe aucun scellé le juge de paix n'a pas jugé convenable des apposer. Le frère et les dits neveu et nièces du défunt *François* VINCENT sont réintégrés en la jouissance

de leurs biens et propriétés meubles et immeubles. — *Signé* : Chavannes, Clerjon, G. Vincent, Renard.

Le 24 fructidor an 3, chez Julloud, recherche d'objets réclamés par Vincent : mauvaise couverture, glace... 60 bouteilles vin noir. — *Signé* : Vincent, Guiguet. (Arch. départ.)

On remarquera avec satisfaction le trait d'honnêteté et de sobriété que nous avons trouvé dans la pièce suivante :

Lyon, le 2 brumaire, an 3, avec le citoyen Laurent nous nous sommes transportés au domicile ci-devant au cuppé (occupé) par le nommé *François* VINCENT, place de la Liberté, n° 21... à l'effet de délivrer à Elizabeth Vincent, sa sœur, une pièce de vin à elle appartenant — l'avons livrée. — *Signé :* Desjardin née Vincent, Laurent, Trouillet.

Au dos : Distraction d'une pièce de vin chez Vincent en faveur de sa sœur. (Arch. départ.)

Au bout d'un an, rendre un tonneau de vin, sans y avoir touché, c'est beau de la part de braves sans-culottes !

District de Lyon, neuf floréal an 3, sont comparus les citoyennes Marguerite *Vincent*, femme *Desjardins*, demeurant en cette commune place de la Liberté, n° 21, et Fleurie-Elisabeth *Vincent*, veuve de *Martin Duclos*, mort judiciairement, demeurant aussi en cette commune, rue Catherine, n° 6, lesquelles ont dit que, par arrêté des représentants du peuple, il leur a été adjugé à imputer sur leurs reprises de droit sur François Vincent, leur oncle, mort judiciairement, les meubles et effets de ce dernier, à la charge par elles de fournir cautionnement valable par sûreté du montant des dits objets estimés à la somme de quatre mille neuf cents cinquante livres. Ce qui a été accepté. — *Signé :* Flandrin, Fleurie-Elizabeth Vincent, veuve Duclaux, Marguerite Vincent, femme Desjardin (Arch. départ.).

4. VINCENT *Jean-François, ancien visiteur des Rôles.*

Sur les cinq nommés Vincent qui ont été tués révolutionnairement en 1793-94, celui-là est le seul qui ait été fusillé ; les quatre autres ont été guillotinés. L'ancien visiteur des Rôles était né à Lyon et y demeurait, 88, rue de la Fronde. Cette rue existe encore dans le quartier du Change, mais elle n'a plus que six numéros ; même réflexion pour la place de la Charité qui avait plus de 200 numéros et qui n'en a que 11 aujourd'hui[1]. Nous n'avons pas trouvé d'acte de décès, c'est la règle pour les condamnés ; Jean-François ayant quarante-quatre ans, lorsqu'il fut fusillé, le 13 décembre 1793, nous nous sommes reporté quarante-quatre ans en arrière, aux Registres paroissiaux. Sur le Registre de la paroisse Saint-Nizier, 1749-1750, nous avons trouvé un acte de baptême qui se rapporte peut-être à lui.

Jean-François, fils de Claude Vincent et de Marguerite Pautrier, demoiselle, sa femme, né ce matin, rue du Bât d'Argent, a été baptisé par moi vicaire soussigné le 18 février 1750. Ont été parrain, M. Jean-François Vincent, conseiller du roi, trésorier des Ponts et Chaussées de la Généralité de Lyon, et marraine, Claudine Crozet, femme de noble Antoine Pautrier, échevin, grand'mère de l'enfant, qui ont *signé :* Claude Vincent, Claudine Crozet de Pautrier, Pautrier, échevin, Paul Pautrier, Pautrier petit-fils, Roux, Julliand, vicaire (Arch. munic.).

Il fut condamné à mort le 21 frimaire an II.

Condamné à mort 21 frimaire an second, Jean-François *Vincent* demeurant à Commune-Affranchie... toutes ses propriétés confisquées au profit de la République. Juges : Lafaye, président, Brunier, Ferney, Carchand *(in* Glover Melville).

Inventaire et levée de scellés. — 23 germinal an III. Nous nous sommes transportés au domicile du citoyen *Vincent*, rue de la Fronde, à l'effet de faire l'inventaire des effets y existant et de les laisser ainsi que le local à la disposition du citoyen Fellot, propriétaire, et pour lui au citoyen Rovier, son fondé de pouvoir. — *Signé :* Boiron, Berthet, Rovier. (Arch. départ.)

Ce jourd'huy, 1 floréal 3e année... Nous agent du district... nous nous sommes transportés dans le domicile du citoyen *Vincent*, rue de la Fronde, n° 88, assisté de la *veuve dudit Vincent*, à l'effet de lui faire

[1] M. Beyssac croit que la numérotation des maisons commença après l'ordonnance de 1746, réduisant le nombre des pennonages à 28, et que cette numérotation était faite par quartier ou pennonage. Nos confrères, MM. Guigue, Bleton, De Terrebasse sont du même avis. Les maisons étaient anciennement désignées par le nom des familles qui y habitait, par une enseigne, par une périphrase. On ne mit, tout d'abord, des numéros que sur les maisons neuves.

remise de meubles et effets y existant, les avons délaissés à la dite veuve, qui en passe quittance au citoyen Rovier. — *Signé :* Detouteville, Collet, Berthet, Rovier.

Au dos : Réinstallation, distraction, remise d'effets en faveur de la citoyenne Vincent — du 1er floréal. (Arch. départ.)

5. VINCENT *Jean-François, manufacturier de la Guillotière*

Nous n'avons pas trouvé le décès de Jean-François Vincent sur les Registre de l'état-civil de 1793, ni son acte de naissance sur le Registre paroissial de la Guillotière, où l'on dit qu'il demeurait. On sait seulement qu'il était né à Lyon, on lui donne tantôt quarante et tantôt soixante ans. Nons allons voir qu'il avait soixante ans, lors de son arrestation. Incarcéré dans la Mauvaise Cave[1], c'est-à-dire à l'Hôtel-de-Ville, il s'en échappa, le 11 décembre 1793; il fut repris et guillotiné, le 11 janvier 1794.

Nous avons trouvé sa condamnation et son exécution.

Condamné à mort le 23 frimaire an 2 : Jean-François *Vincent*, manufacturier à la Guillotière, 60 ans. Juges : Pareins, Lafaye, Brunier, Fernex, Corchaud (*in* Glover Melville — Arch. départ.).

Procès-verbaux d'exécution. — Ce jourd'huy, 20 nivôse, l'an second de la République, nous Jean-François Brechet, secrétaire-greffier de la Commission révolutionnaire... accompagné des citoyens Louis Parenthon et Forest, officier municipal, nous nous sommes transportés à midi trois quarts sur la place de la Liberté, au dit trois quarts pour assister à l'exécution qui a été faite sur ladite place par l'exécuteur des commandements de justice qui a sur le champ guillotiné..... et Jean-François Vincent. Après laquelle exécution nous nous sommes retirés à l'heure de 58 minutes de relevé après avoir rédigé le présent. Ce jourd'hy 27 frimaire de l'an 2. — *Signé :* François Berlié, secrétaire-greffier. (Arch. départ.)

[1] La Mauvaise Cave était un caveau de l'hôtel de ville situé du côté de la rue Puits-Gaillot, sans jour ni soupirail. M. Gayet Félissent de Lucenay raconte son évasion par un canal conduisant les eaux de l'hôtel de ville dans la rue Lafont. Ce fut un ferblantier, Berson, qui avait sans doute travaillé à ce canal, qui le mit à découvert et entraîna 15 de ses compagnons de détention; sur ces 15 évadés, 14 furent repris et exécutés, dont notre Jean-François Vincent, manufacturier.

§ II

6. Vincent *François, militaire, victime du Siège.*

Tous nos efforts d'identification ont été vains pour ce militaire. On en a fait un simple soldat ou un colonel du 1er bataillon de Rhône-et-Loire. D'où vient-il ? D'où est-il ? Quels sont ses parents ? On ne sait rien qu'une chose, c'est qu'il mourut de ses blessures pendant le siège, le 1er octobre 1793.

Dans l'*Almanach de la Ville de Lyon et du département du Rhône-et-Loire pour l'année bissextile 1792*, nous avons trouvé : un colonel Vincent, de la Garde nationale, canton de Saint-Romain, à Saint-Christophe-en-Chatelus, district de Saint-Etienne, et un caporal de la seconde compagnie du bataillon de la Garde nationale, rue Plat-d'Argent, n° 9, et enfin un aide-major, (état-major de la Garde nationale).

Les soldats étaient soignés dans l'ancien Grand Séminaire Saint-Irénée, qui se trouvait près de la gare d'en bas du funiculaire de la Croix-Pâquet. *Vincent* François mourut dans cet hôpital militaire. Nous avons trouvé l'acte de son décès, dans le registre municipal de 1793.

Ce jourd'huy, 1 octobre 1793, l'an II de la République française, nous Jean-Louis Coste, officier public de la municipalité provisoire de Lyon, ont comparu les citoyens André Moulin, aumônier de l'hôpital militaire, et Claude Chaudy, infirmier au dit hôpital, qui nous ont déclaré que *François* Vincent du 1er bataillon de Rhône-et-Loire est décédé dans le dit hôpital le 29 septembre dernier à 3 heures du matin, sur laquelle déclaration nous, officier susdit, avons constaté le décès que les comparants ont signé avec nous. — *Signé :* Moulin, Derrier, Chaudy, Coste, officier public.

Ce militaire n'a donc pas été condamné à mort et exécuté judiciairement, il a succombé à ses blessures reçues pendant le siège et son décès n'est pas du 1er octobre, mais du 29 septembre.

§ III

Les nommés *Vincent* qui ont été traqués à Lyon sous la Terreur sont les suivants :

7. J. Vincent *de Saint-Bonnet, Jacques, neveu de V. de Soleymieu et de V. de Margnolas.*

Espérant obtenir des renseignements abondants et précis sur ce Vincent de Saint-Bonnet, qu'on nous disait avoir eu maille à partir avec la Convention et avoir échappé à ses coups, nous nous sommes adressé à l'un de ses parents, M. V. de Saint-Bonnet, propriétaire du château de Belair, près Saint-Etienne et du château de Saint-Bonnet-les-Oules, par Saint-Galmier (Loire). Il nous a répondu :

Je ne puis, à mon grand regret, vous fournir que bien peu de renseignements sur ma famille, la cause en est que la branche Vincent de Saint Bonnet étant la cadette n'eut, en sa possession, que les papiers qui la concernaient directement. Les documents les plus anciens devaient appartenir à la branche aînée (Vincent de Margnolas) et ils ont dû disparaître dans l'incendie du château de Margnolas L'ouvrage de M. de Jouvencel, sur l'Assemblée de la noblesse de la sénéchaussée de Lyon en 1799, donne des renseignements exacts sur notre famille et on peut le consulter. Voici les noms de mes parents qui ont péri en 93 : Vincent de Margnoles et Vincent de Soleymieu. Le premier a été fusillé et le second, je crois, guillotiné[1]. Leur neveu Jacques Vincent de Saint-Bonnet, fils aîné de mon arrière grand-père, avait pris part à la défense de Lyon contre les troupes de la Convention. Dénoncé, il s'engagea dans un régiment de cavalerie de l'armée des Alpes, mais il fut reconnu, arrêté et traduit devant le Tribunal révolutionnaire qui le condamna à mort. Il ne fut pas exécuté. Arrêté une seconde fois, il parvint à s'échapper.

Il y a, aux Archives départementales, la condamnation et une requête de Jacques Vincent; nous les transcrivons :

[1] Il se trompe; ils ont été guillotinés tous les deux; nous avons reproduit les procès-verbaux d'exécution. — Notre correspondant M. Vincent de Saint-Bonnet a épousé une demoiselle Poidebard.

Condamnation le 30 pluviôse, an II, *Jacques Vincent*, âgé de vingt ans, sans état, natif de Saint-Etienne, demeurant à Commune affranchie, rue Saint-Joseph, section du Rhône.

Requête. — Le citoyen *Jacques* Vincent, d'Armeville, ci-devant Saint-Etienne, aîné de sept enfants, après une maladie grave dont il n'est pas entièrement remis depuis onze mois, comme le porte le certificat de son médecin, s'est engagé au service de la république se trouvant dans l'âge de la réquisition, l'exercice du cheval lui ayant été ordonné pour fortifier sa poitrine, il a choisi de préférence le corps des chasseurs de la montagne, dont le nom respectable était pour luy un présage heureux ; il y est entré d'après les certificats, les plus satisfaisants, pour le père et pour le fils, des deux sections qu'ils ont habitées à Ville affranchie et qu'ils sont à même de représenter. Quelle a donc été la surprise de leurs parents en apprenant l'arrestation de leur fils à Lunelle où il était en garnison. On leur écrit qu'il est amené à Ville affranchie avec tous les chasseurs lyonnais; ils réclament la justice des juges qui prendront connaissance de cette affaire. *Signé :* Jacques Vincent.

Ce Jacques Vincent de Saint-Bonnet, écuyer, était né à Saint-Etienne le 22 octobre 1772, il mourut à Lyon, le 20 mai 1856, âgé de quatre-vingt-six ans. Il fut sergent aux Grenadiers de Précy, archiviste du Rhône et bibliophile (de Jouvencel) ; nous lisons dans le Livre d'Or du Dispensaire par notre collègue le Dr Just Navarre qu'il entra au Dispensaire en 1818 et qu'il en sortit en 1822 ; il fut conseiller municipal de 1815 à 1818. Il était fils de Pierre Vincent de Saint-Bonnet, écuyer, seigneur de Saint-Bonnet-les-Oules ; il fut baptisé à Saint-Etienne, le 27 juillet 1740, il était comparant à Lyon en 1789 (nous citons de Jouvencel). Pierre Vincent n'avait pas été inquiété comme ses deux frères, victimes de la Terreur. Il avait pris le nom de Saint-Bonnet, après avoir acquis, en 1788, le château de Saint-Bonnet-les-Oules, qui est toujours possédé par ses descendants. Ce château avait appartenu à la famille de Corbeau, qui a fourni une victime à Lyon, sous la Terreur. (A. Portallier, Mlle A.-M. de Franclieu.)

Il épousa à Rochetaillée en Lyonnais, le 24 novembre 1773, Françoise Daudé du Poussey, dite Mlle du Poussey, fille de Jacques Chevalier, échevin de Lyon, et de Madeleine-Claire Fabron de Saint-Amand. Pierre Vincent de Saint-Bonnet était le troisième fils d'Antoine Vincent de Soleymieu, écuyer, seigneur de Soleymieu, né vers 1695, mort le 7 septembre 1769, conseiller, secrétaire du roi à Colmar, qui avait épousé, en 1734, Jeanne Praire, fille d'Ennemond Praire, échevin à Saint-Etienne, et de Marie-Françoise Terrenoire, dont il eut dix enfants : quatre garçons, Claude-Aimé de Margnolas, Antoine de Soleymieu et Pierre de Saint-Bonnet, Claude-Gaspard, abbé, grand vicaire de Mâcon ; six filles qui épousèrent un de Palluat Besset, un J. Neyron, seigneur de Roche, un Hector de Montaigne, seigneur de Poncins.

8. VINCENT *Jean-Louis, genevois, 9, rue du Plat.*

Tous les documents qui suivent jusqu'à la fin de cette plaquette sont une copie des papiers conservés aux Archives départementales.

Interrogatoire. — Commission temporaire de surveillance républicaine, n° 29, VINCENT.

D. Son nom, profession et pays.

R. S'appelle Vincent, avoir été ancien militaire et décoré, habiter depuis vingt-trois ans Lyon, être natif de Genève et conséquemment professer la religion protestante.

D. S'il était décoré de la Croix de Saint-Louis et s'il en avait fait la remise aux termes du brevet.

R. Qu'il avait effectivement reçu la Croix de Saint-Louis, que sa qualité de protestant lui avait empêché de s'en décorer, mais qu'il l'avait vendue, avant même le décret qui en enjoignait la remise.

D. Ce qu'il avait fait du brevet, qui lui en faisait don.

R. Qu'il était dans son portefeuille qui lui avait été volé sur le pont volant[1].

D. Ce qu'il a fait le 29 may dernier.

R. Qu'il n'est pas sorti de chez lui.

Condamnation le 10 nivôse, an II. Jean-Louis *Vincent*, genevois, natif de Genève, demeurant à Commune affranchie, rue du Plat, 9, section de Saonne. — *Signé :* Parein p. Touchaud, Brunier, Fernex, Lafaye.

9. VINCENT *Jean-Marie, chapelier, rue d'Ovise, ci-devant Saint-Pierre, n° 150.*

Réquisition. — Nous, membres du Comité de surveillance établie sous les auspices des Représentants du peuple ... requérons le concierge des prisons de l'Hôtel-Commun de remettre entre les mains de la force armée le *commandant Vincent* pour être interrogé au Comité sur les causes de son arrestation, ledit Vincent détenu à la Salle Henri IV. Ville affranchie, 19 octobre 1793, an II de la République, signé : B^{te} Amons, Durand, Lavester. — *Au dos :* 16. Elargi en conformité de la loi. Voir procès-verbaux. (Arch. dép.)

Lettre. Jean-Marie VINCENT, chapellier, qui a été commandant de bataillon après le 29 may et capitaine grenadier pendant le siège et est aristocrate enragé, il s'est sûrement enfui à la sortie. Salut et fraternité. Signé : Jp^{te} Chavanne, L.-F. Brière. Commune affranchie, 26 frimaire, an II. *Au dos :* Lettre utile à garder ou dénonciation contre le nommé *Jean-Marie* VINCENT, chapellier de la rue Saint-Pierre, qu'on croît être à Marseille, et qui servira, lorsqu'on nous l'amènera. (Arch. dép.)

Levé de scellés. — 13 nivôse, an II, Comité d'Ovise, dont le contenu suit. Section d'Ovise, ci-devant Saint-Pierre... Nous nous sommes transportés dans les magasins et chapelleries ... et nous avons levé les scellés chez *Vincent*, chapellier, n° 150.

Distraction et main-levée. — Le 26 frimaire, an III.., Bruyas, agent du district ... en vertu d'un pouvoir ... à l'effet de réintégrer le citoyen *Vincent* chapelier, rue Ovise, n° 150, dans la jouissance de ses propriétés et exécuter la main-levée ... Nous nous sommes transportés au *Comité du Canton des Sans-Culottes* avec ledit citoyen Vincent ... avec son livre de journal de teinture par lequel il conste que, lors de l'entrée des troupes de la République, en octobre 1793, vieux stile, il avait 37 chapeaux, etc.

[1] En face de la rue de la Bombarde, pont de bateaux qui s'ouvrait au passage des bateaux. (Steyert.)

Distraction d'un manteau du dépôt du district en faveur de J.-M. Vincent. Ce jourd'hui, 13 vendemiaire, l'an 3... à l'effet de distraire et délivrer au citoyen Jean-Marie *Vincent* un manteau de drap bleu qui a été reconnu faire partie de sa propriété, en ce sur son récépissé le citoyen Julliard gardiateur du dy dépôt. — *Signé :* Chavanne, agent du district, Vincent.

Main levée en faveur de Vincent. Le 25 frimaire, l'an troisième ... Nous soussignés Bruyas, Berthelet ... en vertu ... à l'effet de réintégrer le citoyen Vincent chapellier de cette ville, rue Ovise, n° 150, dans la jouissance de ses apartements et du magasin qu'il occupait dépendant du bâtiment des ci-devant dames de Saint-Pierre au susdit n° 150. — *Signé :* Berthelet, Bertrand, Vincent.

Dépôt du district. Distraction des effets du citoyen Vincent. Les soussignés, pour rendre hommage à la vérité, déclarent et attestent que, pendant le règne de la Terreur, il a été fait des enlèvements d'effets mobiliers dans le domicile du citoyen Vincent, rue Pierre, 150, 26 thermidor, an 3. — *Signé :* Bouchardy, Lacroix, Vernier, Bally, Mottuet, Henry, Bourdin, Jullien, Richaud, Rozier, Boucherand, Giron, Goutam, Clavière, Barge, Gouge.

Certifions la sincérité des signatures : Gagnieur aîné, assesseur du Juge de paix du canton de la Liberté. (Arch. dép.)

Comment ce chapelier qui habitait, comme aujourd'hui l'Académie, une dépendance du couvent des Dames de Saint-Pierre, ce fieffé aristocrate, commandant de bataillon, qui combattit les conventionnels, arriva-t-il à se faire élargir ? Nous n'avons pu le savoir. Peut-être que les braves *sans culottes* lui rendirent la liberté, plus son manteau bleu, pour prix des coiffures qu'ils avaient prises à l'essai dans son magasin et oublié d'y rapporter?... (Arch. dép.)

10. *Pièces diverses relatives à des Vincent conservées aux Archives départementales du Rhône.*

Condamnation, le 10 ventôse, an II, *Georges* Vincent, âgé de dix-huit ans, sans état, natif de Commune affranchie, y demeurant, rue Tupin, section Port affranchi.

Ordre. On peut livrer un fusil au citoyen Reynard ... 6 août 1793. — *Signé :* Vincent, commandant.

C'est peut être notre Jean-Marie Vincent, chapelier.

Arrestation. — *Vincent* ayant été membre du Comité de surveillance du permanan, ayant servi le partis des contre révolutionnaires, a été mis en état d'arrestation par ordre du Comité de surveillance, 26 frimaire, an 2.

Cela peut se rapporter aussi au chapelier.

Nous, administrateurs composant le directoire provisoire du District de Villefranche du département du Rhône... Vu ... pétition de la citoyenne Riche, épouse du *citoyen Vincent*, juge du Tribunal, tendant à obtenir une attestation qu'il n'existe aucune dénonciation contre son mari portée sur les Registres du Comité révolutionnaire de Villefranche qui est relative au jugement de Chalier (martyr de la Liberté). *Signé :* Denavit, Tillard, Bressardarieux.

Chalier, martyr? Inutile de chercher sa fête sur le martyrologe romain.

Lettre du Comité révollutionnaire de la section d'Ovize, ci-devant Saint-Pierre. — Citoyen, en réponse à votre réquisition d'hier, nous vous dirons qu'il n'existe dans notre section que deux nommés Vincent, l'un s'appelle *François* Vincent, rentier[1] que nous avons mis en état d'arrestation, l'autre *Jean-Marie* Vincent chapellier[2].

Pétition. — Le citoyen *Vincent*, marchand, en cette ville, au citoyen agent national du district de Lyon. Citoyen, quelque temps avant l'époque du Siège, de malheureuse mémoire, j'ai acheté dans la maison ditte des *Deux-Amants*[3] différentes boiseries montant à la somme de trois cent cinquante livres ... demande remboursement desdits effets enlevés consistant en une boiserie de chapelle et deux placards. — *Signé :* Vincent.

Reçu de Marzet, agent du district que Vincent a payé ces objets qui étaient dans le ci-devant *Couvent des Deux-Amants*, 14 germinal, séquestre, pétition, n° 274.

Distraction en faveur de la *citoyenne Vincent* du dépôt de Port affranchi : 2 fauteuils. Signé : femme Vincent, Bosset, More.

Main levée en faveur de *veuve Vincent*, 28 brumaire de l'an 3 de la République... Nous, Viviers, agent du District ... nous nous sommes

[1] Celui qui habitait, 21, place des Terreaux, dite place de la Liberté.

[2] Qui habitait dans ce palais, 150, rue d'Ovise, ci-devant Saint-Pierre, actuellement rue Paul-Chenavard.

[3] Ecole Vétérinaire aujourd'hui.

transportés au domicile de la citoyenne Colombeau ditte Panette, rue du Péra, n° 16, à l'effet de la réintégrer dans la jouissance de son domicile ainsi que de ses meubles ... payer au citoyen gardiateur 84 livres... — *Signé :* VINCENT fille Panette pour ma mère, Roquillard commissaire, Viviers agent du district.

Distraction de 8 nappes du dépôt du district en faveur de Vincent. Ce jourd'huy, 13 floréal, l'an trois de l'*Aire républiquaine*... en vertu de ... réclamation du citoyen VINCENT, abitent de la Commune de Mornant ... citoyen Juliard, chargé du dépôt général lui remet 8 nappes marqués A. V. — *Signé :* Vincent, d'Eglize agent du district.

Réinstallation Vincent. — Ce jourd'huy, 26 brumaire, l'an 3... Nous nous sommes transportés au dépôt du Canton de la Liberté, sise rue Bât-d'Argent, n° 32, avec la citoyenne VINCENT, à l'effet de lui distraire et lui délivrer les effets, linge, nipes et hardes à son usage. — Inventaire... entre autres : giberne, baudrier, guitare... La citoyenne Vincent déclare avoir reçu tous les effets. — *Signé :* Vincent, Tourrette, agent du district, Rivet. (Archives départementales.)

Dans Glover (Melville), j'ai encore trouvé :

Un VINCENT *Pierre ;* c'est probablement mon arrière-grand-oncle. On le relâcha, parce que les commissaires trouvèrent chez lui l'un de ses enfants encore au berceau affublé d'un bonnet phrygien rouge, *modo joci*. Au citoyen *Arquillière*, l'un de ceux qui perquisitionnèrent chez lui et qui lui posa la question capitale : Qu'as-tu fait pendant le siège ? Il répondit : J'ai fait comme toi, Arquillière, je suis resté dans ma maison. Encore une fois, je n'ai aucune preuve que le Pierre *Vincent* mentionné par Glover, soit mon parent. Les *Vincent*, avec tous les prénoms possibles, sont aussi nombreux que les sables de la mer. Je ne puis invoquer comme motifs de probabilité que la tradition familiale rapportée ci-dessus et le fait que j'avais à Lyon, en 1793 un grand-oncle Pierre Vincent qui avait alors trente-deux ans. Il habita rue de la Plume ; il mourut à Lyon, 9, rue Pas-étroit, à l'âge de quatre-vingt-six à quatre-vingt-sept ans. Comme l'auteur de ces lignes, il était né au faubourg Sermorens de la petite ville de Voiron (Isère). Il n'eut pas l'idée de se faire appeler Vincent de Sermorens ; il ne possédait pas ce droit et il n'avait pas de quoi l'acheter. Né roturier à Voiron, en 1761 ou 1762, il se maria à Lyon, en août 1791, avec Marie, Antoinette Heurtard, de modeste condition comme lui. Pierre Vincent fut arrêté, interrogé et mis en liberté, par jugement du 20 frimaire. (Commune affranchie, l'an second, (1793), de la république française, une, indivisible et démocratique. *Signé :* Pareins, président, Lafaye aîné, Andrieux, Fernex).

11. *Ressources documentaires des archives départementales du Rhône.*

Liste des détenus. — Les richesses de nos archives sont importantes. Cependant tous les papiers relatifs aux victimes de la Terreur ne s'y trouvent pas. Dans les enveloppes des procès-verbaux de ceux qui ont été fusillés ou canonnés par la troupe dans la plaine des Brotteaux, il n'y a pas une seule liste des victimes. Le général dit : exécution des condamnés de tel jour. On est donc obligé de se reporter aux condamnations, travail facilité par la *Collection* de Glover (Melville). Ce qui existe aux Archives est soigneusement collationné et préservé des injures du temps. On y trouve en grand nombre des jugements de condamnation, des lettres de dénonciation, des ordres d'arrestation, des procès-verbaux d'exécution des guillotinés, quelques interrogatoires, des inventaires de biens des condamnés exécutés ou non judiciairement, des levées de scellés et des distractions de mobilier aux confisqués ou à leurs ayants droit.

Nous nous plaisons à redire que les travailleurs sont bien reçus et aidés dans ces Archives, grâce à la complaisance de son éminent directeur, M. Guigue.

Liste des détenus. — Il me restait une dernière liasse à parcourir. J'espérais y glaner les motifs d'arrestation et quelques indications généalogiques qui me manquent sur le rentier, le manufacturier, le visiteur des rôles et le militaire. Cette liasse contient surtout des listes de détenus. Ces listes sont incomplètes et dans celles qui ont été conservées l'indication des motifs d'arrestation fait défaut le plus souvent. Le contenu ne répond pas aux titres. En énumérant les listes consultées, je montrerai la multitude de prisons qu'avait fait éclore le soleil de la liberté révolutionnaire.

L'Hôtel de Ville et ce Palais Saint-Pierre étaient changés en lieux de détention... On avait fermé les couvents, on ouvrait des prisons. Laissons ces considérations pour dénouer la liasse portant le titre :

Tribunaux révolutionnaires ; notes et renseignements sur les contre-révolutionnaires lyonnais. – Dans la liste des détenus des prisons de Roanne, je lis : Claude-Antoine Praire, neveu, de Saint-Etienne détenu depuis le 20 octobre 1793 par ordre du commandant Javoyère (c'est pourvoyeur et peut-être Javogne qu'il faut lire...) Motif de détention par ordre de la municipalité : il était commandant du 2e bataillon de la garde nationale dudit lieu, suspect d'avoir favorisé les lyonnais.

J'ai parcouru les longues listes :

Des prisonniers de Saint-Joseph.
Des prisonniers faits à Chazel ;
Des rebelles du poste de la maison Roux ;
Des détenus dans diverses maisons d'arrêt pour cause d'incivisme ou de contre-révolution ;
Des prisons de la Croix-Rousse ;
L'extrait du registre du Comité révolutionnaire de Villefranche ;
Le relevé des prisonniers détenus dans les prisons des cy-devant recluses et de l'état de leur arrestation ;
La liste des prisonniers transportés du cy-devant couvent de Saint-Pierre en celuy de la maison d'arrêt de la recluze ou force, ainsi qu'il suit :
De la prison de la maison commune, grande salle ;
De la prison de l'Hôtel commun ;
De la prison dans la cave au-dessous de la mairie ;
De la prison de la grande salle ;
De la prison de la salle de commerce ;
De la prison de la petite salle ci-devant chapelle ;
De la prison de la salle cy-devant Henri IV ;
Des prisonniers couchants dans le vestibule ;
Des prisonniers dans la salle du Conseil.

Nous n'avons rencontré qu'un Vincent parmi ces détenus.

Jean François VINCENT, profession : bureau des requêtes, rue de la fronde, 88, section change, arrestation du 20 octobre 1793.

C'est notre Vincent, visiteur des Rôles.

Dans la liasse intitulée : *Inventaire des procédures du Tribunal criminel du département contre les officiers municipaux*, *Commission de surveillance républicaine*, juillet-août 1793, nos recherches ont été vaines; mais, à la fin, nous tombons en arrêt sur une pièce suggestive : « Témoignages iniques contre le vertueux Chalier. »

Chalier vertueux, Chalier martyr de la liberté! Il n'y a plus rien à dire... Je finis donc. Chalier! C'est bien l'homme qui incarna les illusions, les utopies et les fureurs sanguinaires d'une époque convulsivement orageuse de notre histoire, dont nous demandons à Dieu d'épargner le retour à notre pauvre Patrie, à notre chère France.

Lyon, 22 février 1908.

Lyon. — Imprimerie A. Rey et Cie, 4, rue Gentil. — 45879.-12

www.ingramcontent.com/pod-product-compliance
Ingram Content Group UK Ltd.
Pitfield, Milton Keynes, MK11 3LW, UK
UKHW032023260826
14628UKWH00006B/2677

9 782014 104035